Alice und Marie,

die einzigartige K.I.

Harald Birgfeld

Copyright 2023 beim Autor

Zehn Geschichten werden in Gedichtform, bestehend
aus jeweils drei Teilen, erzählt.
Der Umgang mit K.I. ist so normal geworden, dass er nach
Meinung des Autors zwar wichtig ist, aber nicht unbedingt auch
selbstverständlich sein sollte.

Alice lernt Marie, die einzigartige K.I., auf ihre Weise kennen.
Spannende Erlebnisse begleiten Alice bei ihren Entdeckungen und
Erfahrungen.

Herausgeber, Autor, Redakteur, Buchgestaltung: Harald Birgfeld.
Cover: Königin der Nacht aus Adobe, Stock-Bild, lizenzfrei.
Bild, Marie, Ausschnitt: Kyodo News, keine Nutzungsrechte
vermerkt.

E-Mail: Harald.Birgfeld@t-online.de
Im Internet unter: www.Harald-Birgfeld.de

© 2023 Herstellung und Verlag:
BoD – Books on Demand,
Norderstedt.
ISBN: 9783758311352

Marie, die einzigartige K.I.

Inhalt

Alice will heim, Teil 1

Alice, war es, nicht die aus dem Wunderland,

die keinen Weg nach Hause fand.

Es halfen Hände, Groß und Klein,

vielleicht, dass sie für immer bleibt,

sie sollte ganz bei ihnen sein.

Nur Alice fand das nicht so gut,

die meisten waren nett und richtig lieb,

doch mancher war ein kleiner Dieb.

Sie sammelte nun allen Mut

und kniff sich selber in den Arm,

wie man es fest mit Absicht tut.

Der wurde gänzlich warm.

Sie wachte auf, man glaubt es kaum,

aus einem Traum.

Alice will heim, Teil 2

Alice räumte schnell ihr

Zimmer auf.

In ihrer Hand hielt sie den klitzekleinen, sonnengelben

Butterblumenstrauß,

und stieß dabei an den PC.

Das tat nicht weh, doch wie von Zauberhand

stand in dem Schirm ein junger Mann in blauen Jeans.

Sie dachte nach, ich kenne den, ich

weiß nur nicht genau woher.

Der schaute brav zur Seite, und er fand heraus und

chattete sogleich:

"Was du geträumt hast stand im Buch und, huch,

ich weiß auch wie es weitergeht.

Du glaubst es kaum, denn darin steht:

Es war KEIN Traum".

Er lachte dann ganz laut: "Hi-hi."

Da wusste sie es war K.I.

Die hatte Alice kürzlich in der Schule aufgerufen,

und sie schrieb zurück:

"Ich kann und kann nicht glauben, was

passiert. Warum geschieht das grade mir.

K.I. verneigte sich und schrieb nun zögerlich:

"Das ist zu viel, ist viel zu viel für mich,

ich schalte ab.

Leg du dich hin und warte, was passiert mit dir."

____

Alice will heim, Teil 3

Alice war ein kluges Kind und es bedachte,

dass ihr Schlafen auch nichts brachte.

Lange suchte sie nach diesem Buch

aus dem K.I. gelesen hatte,

fand es schließlich eingewickelt in ein Tuch.

Im Traum war es aus Zuckerwatte, köstlich,

um darin zu lesen und es zu verspeisen,

weil es süß und luftig war und weiß wie Schnee,

mit dunkelbraunem Schokolesezeichen, einem zuckerfreien

Bonbonstift und rosa Zuckerwatteschrift.

Es war so schön, das zu erleben,

und nun klebten nur noch Gräser dran,

als wäre nichts gewesen.

Doch wer weiß, ob dieser Rest von einem Buch

die Wahrheit sprach und nicht schon

all die Zeit im Abfall lag.

Und Alice dachte, das könnt auch von

vornherein ein Zufall sein, dann wieder,

das hat die K.I. gemacht und deshalb hat sie

auch so frech "Hi-hi" gemacht und so gelacht.

Sie wusste jetzt, K.I. ist toll, doch auch,

dass man ihr niemals alles glauben soll.

12

Alice will lernen, Teil 1

Alice kam nach Hause.

Heute war die Schule früh zu Ende.

Es entfiel die große Pause.

Kinder lasen nur an Info.-Schirmen ihrer Klassenzimmer:

„Wegen Regen, Regen, Regen".

Das verstanden alle, denn es hieß,

statt großer Pause ist das „Schulensingen" angesagt.

Das machte allen Spaß,

weil nicht die Schülerinnen und die Schüler,

sondern Schulen um die besten Plätze ringen.

Als nun Alice endlich auch Zuhause war,

sah sie als erstes auf den Bildschirm.

Der war abgeschaltet und

ging so nicht einfach von alleine an.

Das fand sie gut, und klopfte wie zum

Prüfen mit dem Knöchel ihres Zeigefingers

an das Glas.

Da sprang der plötzlich an,

und es erschien ein junger Mann, der winkte,

dass sie sich erschrak.

Sie wollte heute Bio. machen, Mathe. und Latein.

Der aber chattete sogleich,

als wenn ihn jemand dazu aufgefordert hätte:

"Gib mir eine Frage ein, ich helfe dir."

Das war ein tolles Angebot.

Das war bestimmt K.I.

Ihr Opa hatte ihr gesagt, damit K.I. das auch versteht,

musst du die Frage stets in Zeichen setzen.

Das tat sie und schrieb zurück:

"Sag mir doch bitte, was das ist, ein Axolotl",

dies stand grad in Bio. an.

Ein kleines Tierchen, das im fernen Mexiko

zu Lande und im Wasser leben kann.

Das wusste sie zwar sowieso.

Sie wollte aber weiterlesen, was es noch so geben kann.

Danach, beschloss sie, will ich nur noch lernen.

Eine Antwort kam sofort, jedoch in einer fremden Sprache.

Alice stöhnte:

"So ein Trottel, wo stell ich die Sprache ein".

Und die K.I. verstand nur noch die Sprache,

die sie selber hatte.

Alice machte alles aus und war den Tränen nahe.

Da trat ihre Mama ein und fing sie auf.

Sie sagte liebevoll:

"Wir gehen heute alle aus".

Sie kamen an ein kleines Restaurant.

Am Eingang hing ein Schild:

"Den ganzen Tag bedient sie hier MARIE, die einzigartige K.I."

Alice will lernen, Teil 2

Alice kannte manches Wunder auf der Welt,
zum Beispiel, wenn ein Kind geboren wurde
und dass Menschen schreiben konnten.
Sie bestaunte auch K.I.,
obwohl sie nicht viel davon wusste.
Das empfand sie zwar als nicht so wichtig,
hielt es aber auch für nicht ganz richtig.
Denn, was sie im Restaurant entdeckte,
war zu neu für sie.
Es stellte alles, was sie bisher kannte,
an die Wand.
Marie war scheinbar aus Metall in hellem Weiß
mit einem runden Kopf.
Darin ein kleiner Mund, darüber
wunderschöne mädchenhafte Augen,
die sie schließen und bewegen konnte.
Haare trug sie keine, aber über ihrem Körper
hing ein süßes, weißes Kleid.
Das war am Hals sehr eng und reichte
an den Füßen glockenweit fast bis zum Boden.
Ihre Arme hielt sie damit auch bedeckt
bis zu den Handgelenken.
Völlig lautlos glitt sie über jede Stolperkante,
schien zu schweben, hatte kurze,
auch ganz weiße, ausgestreckte Arme.
Darauf trug sie ein Tablet.

Das war vielleicht aus Holz.

Sie war nur halb so groß wie Alice.

Keiner durfte sie berühren oder ihr das

Köpfchen streicheln, dann begann sie auszuweichen.

Ihre Wirtin rief sofort:

"Das darfst du nicht, und sprich sie auch nicht an.

Sie spricht nur Mandarin, das ist chinesisch.

Aber rufen kannst du sie.

Sie wird dich dann bedienen,

und sie fällt nicht hin und wird nicht stolpern."

Alice fand sie schick und war gebannt von diesem Wesen,

so wie einst der Seemann, Ismael, in Moby Dick,

als der das erste Mal den großen Wal als Ganzes sah

und dessen Einzigartigkeit erkannte.

Alice fiel das Lernen wieder ein.

Sie wollte Bio. üben, Mathe. und Latein.

Doch möchte sie Marie viel lieber etwas sagen.

Leider wusste sie nicht wie.

Sie dachte, wenn sie lesen kann, kann ich ihr schreiben.

Ja, ich schreib ihr einfach eine Mail:

"Ich möchte deine Freundin sein."

Alice will lernen, Teil 3

Alice kannte jetzt die App, die aufzurufen war,

um mit K.I. zu chatten.

Andererseits war ihre Mama voller Sorgen.

Alice hatte früh am Morgen nichts gegessen.

Irgendetwas plagte sie,

dass sie die Tochter schließlich fragte:

"Hast du etwas, Kind, so sag es mir.

Bestimmt wird alles gut."

Das machte Alice richtig Mut.

Sie sagte Mama aber weiter nichts und

ging zu dem P.C. Sie hatte Bio. fertig und Latein geübt.

In Mathe. war sie gut, ja, da verstand sie alles.

Also öffnete sie das Programm und stellte ihre Frage:

„Schreibe mir in Mandarin den Satz:

Ich möchte deine Freundin sein und sende ab.‟

Sie wusste nicht, ob ihre App. das kann.

Es war jedoch sofort der junge Mann im Bild

und hielt die Mail schon in der Hand:

"An wen soll ich die senden,"

stand in seinem Chat.

Das wusste Alice nicht und auch nicht wie.

Die Frage wurde wiederholt.

Da schrieb sie schnell zurück:

"An die Marie, wenn es sich machen lässt".

Die Antwort kam sofort:

"Ihr Name ist bekannt, sie arbeitet im Restaurant.

Das wird sogleich erledigt." Gleich danach las sie:

"Die Antwort ist schon da," so schnell,

dass Alice sich erschrak.

"Ich übersetze, und ich lese dir gleich vor:

Zu gerne möchte ich auch deine Freundin sein.

Für immer und für alle Zeit.

Ich bin zurück in meinem Land.

Das grüne Püppchen auf dem Schirm,

das dir mit seinen Händen winkt, ist ein Geschenk.

Damit erreichst du mich mit Audio und Video

zu Tage und zu Nacht.

Du bist die erste und die einzige auf dieser Welt,

zu der ich Freundin sagen darf.

Ich habe dich sehr gern".

Alice findet sich nicht schön, Teil 1

Eigentlich war Alice eine fröhliche Person,

doch manchmal merkte sie nicht viel davon.

So stand sie heute Morgen vor dem Spiegel,

sah in ihr Gesicht und dachte:

‚Nein, das bin ich nicht.'

Sie strich mit einer Hand die Haare glatt.

Sie trug den Pferdeschwanz und

fühlte sich dabei so matt.

Sie hatte ihre Haare gern,

wenn sie sich kämmte und darüberstrich,

doch diesmal mochte sie es nicht.

Sie fand sich nicht so schön wie sie es lieber hätte

und wie andre Mädchen,

die wie sie zur Schule gehen,

stets aussehen.

Heute träumte sie, wie es wohl wäre,

wenn sie eine andre wäre.

Meeresbiologin oder so, das fände sie ganz toll.

Das wäre auch nicht schwer.

Sie könnte immer schwimmen, tauchen

und an Tieren forschen, horchen, ob sie

unter Wasser doch Geräusche machen

oder sogar lachen.

Dabei fiel ihr gleich der Eishai ein.

Sie hatte viel von dem gehört.

Der ist vielleicht fünf Meter lang,

wird über hundert Jahre alt,

vielleicht auch mehr und lebt

in großer Einsamkeit ganz tief im Meer,

und schwimmen tut er auch nicht immer,

sondern treibt nur hin und her,

macht weiter nichts und fängt auch

keine andren Fische.

Alice war mit den Gedanken immer noch woanders.

Plötzlich ging das Smartphone an.

Sie schreckte hoch, wieso, wer konnte das nur sein?

Sie hörte eine Stimme, die sang einen

eigenartig langgezogen Ton,

dann immer mehr und Ton um Ton,

als käme sie aus einer andren Welt.

Dann hörte sie Marie, die einzigartige K.I., die sagte:

„Hörst du sie? Das sind die unter Wasser

Walgesänge, und ich schenke dir die Melodie.

Die Wale haben sicher nie etwas dagegen.

Alle hab ich aufgenommen, nur für dich.

Du bist die allerschönste Freundin,

die ich habe.

Denk daran, vergiss das nicht.

Ich bin zurzeit auf einem Forschungsschiff

auf hoher See.

Sei lieb gegrüßt von deiner Freundin, der Marie.“

Alice findet sich nicht schön, Teil 2

Alice war nun wie erlöst

aus ihrem Traum erwacht,

mit einem Schmetterling auf einer

Glitzerklammer fest im Haar

und fand es plötzlich furchtbar doof,

sich mit den andren Mädchen zu vergleichen.

Schließlich sang sie schon im „Großen Chor“ der Schule.

Das war doch für viele niemals zu erreichen.

Aber stolz war sie darauf noch lange nicht,

es war mit sehr viel Üben und viel Fahrerei verbunden.

Sie war dankbar, dass Marie sich öfter bei ihr meldete

und auch von sich erzählte.

Einiges davon war neu und manches völlig fremd.

Von Walen hatte sie noch nie Genaueres gehört,

und dass die unter Wasser singen,

war ihr bisher unbekannt.

Sie dachte auch, wie konnte die Marie

nur auf ein Forschungsschiff gelangen.

Davor würde ihr sehr bangen.

Aber Alice war auch nicht K.I.

Für ihre Freundin, die Marie,

gab es wohl keine Angst.

Die hatte ja auch keine Haare

und vermisste die nicht auf dem runden Kopf.

Und schließlich wusste Alice, dass sich

feine Damen zu ganz andren Zeiten

auch ganz ohne Haare und mit Absicht zeigten

und so sehen ließen.

Alice aber mochte ihre eignen Haare

immer an sich wissen, sie nicht missen,

wenn sie in den Spiegel schaute.

Da kam Mama in den Raum.

Sie hatte sicher angeklopft,

doch Alice war mit den Gedanken so weit weg

und hörte kaum noch, was sich um sie regte.

Mama fragte gleich:

„Wie geht es dir, mein Kind.

Du siehst verträumt aus, hast du gut geschlafen?"

Alice antwortete sofort:

„Ich möchte Meeresbiologin werden

und den Eismeerhai erforschen.“

Mama drehte sich noch einmal um,

strich ihrer Tochter übers Haar und sagte mehr zu sich:

„Ideen hast du Kind.

Das kannst du alles noch erreichen.

Ach, ob ich als Mädchen

auch wohl so gewesen bin?“

Alice findet sich nicht schön, Teil 3

Alice war nun wie verwandelt,

als sie wieder in die Schule ging.

Latein und Deutsch und Mathe.,

welches sie heut alles hatte, waren kein Problem.

Sie ging mit neuer Haarfrisur.

Sie trug statt Pferdeschwanz,

zwei Zöpfchen selbst geflochten,

hochgesteckt und festgemacht zu einem Kranz

wie eine Krone auf dem Kopf.

Hellrote Bändchen äugten lustig von den Enden,

wippten, wenn sie kleine Schritte machte

oder ihre Schultern sich nach vorne beugten.

Das fiel andren Kindern auf

und niemand lachte.

Ihre Lehrerin bedachte irgendwie,

dass Alice anders war und gratulierte ihr, weil sie fast

überschwänglich

Frohsinn in die Klasse brachte.

Eine Schülerin, die sie sonst kaum beachtete,

kam dicht zu ihr und sagte:

„Du bist heute richtig schön, und das gefällt mir."

Alice sprach begeistert von den Walen,

wie sie die das erste Mal in ihrem Leben,

hatte singen hören.

Das erstaunte alle.

Und dass die das unter Wasser machten,

fand so manches Kind nun doch zum Lachen.

Doch sie alle glaubten ihr ganz schnell.

Damit die aufgeregte Schar den Unterricht nicht störte,

warf die Lehrerin noch ein paar milde

und auch strenge Blicke in die Runde.

In der ersten großen Pause aber waren Alice,

ihre neue Schönheit, und die Walgesänge

das Gespräch in aller Munde.

E-Mails für die neue Freundin von Marie

Hockey spielen, Teil 1

Dieses schreibt dir deine neue Freundin,

die dir E-Mails schicken darf, Marie, die einzigartige K.I.

„Ach, liebe Freundin,

ich war gar nicht immer und von Anfang an

als die K.I. fürs Hockeyspielen gut geeignet.

Ich erzähle dir jetzt auch warum und wie es anders kam.

Du weißt vielleicht schon was das heißt, K.I.

Das ist nicht mehr als einfach

superschlau zu sein, so wie dein Handy oder deine Armbanduhr,

und auch das Radio.

Ganz früher war es auch das analoge Telefon,

denn heute ist ja alles digital.

Das brauchst du auch nicht zu verstehen,

aber nur ein kleines Beispiel zeigt,

wie einfach alles ist.

Du kennst doch sicher noch

das Joghurtbecher-Telefon mit einer strammen

Drachenschnur von einem Becher zu dem anderen.

Man darf damit nur nicht damit spazieren gehen oder wandern.

Du hältst dir den einen Becher vor den Mund

und dann zum Ohr des anderen und umgekehrt und sprichst und

hörst und hörst und sprichst, und das ist analog.

Mehr ist das nicht.

Solange sich die dünne, straff gespannte Schnur

im Becher hält, geht alles gut.

Dann gibt es Google und noch viel, viel mehr.

Doch glaube mir, so sehr genau

weiß heute keiner, was das wirklich ist.

Das alles ist für alle

ganz schön schwer".

Briefe für die neue Freundin von Marie

Hockey spielen, Teil 2

„Egal, wie alles ist,

davor war ich als die K.I. auf einen großen Platz gestellt

und sollte Sport und Turnen machen.

Das war ernst gemeint,

doch ich war jung wie du und musste dauernd lachen.

Da beschloss man, mir zu sagen,

dass ich Hockey spielen sollte,

und ich wusste nur, dass ich das gerne wollte.

Das ist etwas so für Jungen wie für Mädchen,

ganz egal woher die kommen.

Viele kamen aus demselben Städtchen.

Nur zum Üben gab man mir den Hockeyschläger,

Core, so heißt der, glaube ich,

und einen kleinen Ball,

den nannten die auch Puck.

Der flog davon mit einem Ruck,

wenn man ihn traf und kräftig mit dem

Hockeyschläger schlug.

Ich wusste nicht, wo oben und wo unten war.

Ich spielte noch mit anderen,

die wussten auch nicht mehr als ich,

und das war wenig.

Plötzlich sollte ich ins Tor,

weil das ein Spiel zum Tore schießen ist.

Doch ich bewahrte mich davor.

Ich hatte Angst, das ist doch klar.

Dann hieß es aber, jede Spielerin

und jeder Spieler ist mal dran und muss ins Tor."

Briefe für die neue Freundin von Marie

Hockey spielen, Teil 3

„Es war doch nicht so schlimm

wie ich erst dachte,

weil man mich total verpackte und verkleidete,

und die Verkleidung mich versteckte

und fast nicht mehr sichtbar machte.

Ich war fast schon wie aus Watte.

Ich war dick mit Schienbeinschutz

am linken und am rechten Bein versehen,

und ich musste einen Helm mit Mundschutz tragen.

Ja, ich konnte kaum noch gehen.

Aber wenn ein Ball geflogen kam,

war ich die schnellste auf der Bahn,

und jeder Ball in Richtung Tor

war gleich in meiner Hand,

auch mal auf meinem Arm,

den hielt ich schnell davor,

und wurde abgefangen.

Das lag nur an meiner eingebauten

supertollen Ballfang-Automatik.

Damit nahm ich jeden Ball im Anflug wahr

und konnte prima reagieren.

Eigentlich stand ich von nun an

gerne in dem Tor, und meine gut geschützten

Beine stellte ich davor.

Das war doch nicht so hart, wie ich zu

Anfang immer dachte.

Siehst du, meine neue Freundin,

so hab' ich den größten Spaß am Hockeyspiel gefunden.

Meine Angst zu Anfang hatte ich

beim ersten Spiel schon überwunden."

E-Mails für Alice, der neuen Freundin von Marie
Eine andere K.I., Teil 1

Dieses schreibt dir deine neue Freundin,

die dir E-Mails schicken darf, Marie, die einzigartige K.I.

Ich möchte, Alice, dir von einer anderen K.I. berichten,

denn die lernte ich vor Kurzem kennen.

Die ist ebenso wie ich ganz **k**ünstlich und **i**ntelligent.

Das heißt, K.I.

Das ist der Anfang dieser beiden Wörter und nicht mehr.

Zum Beispiel, wenn dein Püppchen

sprechen, lachen, weinen kann, als wäre es ein kleines Kind

in deiner Hand, dann ist das schon ein wenig von K.I.

Die andere K.I., die neue, ist nicht dumm.

Sie ist viel größer als dein Püppchen

und sieht völlig anders aus als ich.

Sie ist so groß wie du und hat,

statt einer Mama, einen Papa.

Der ist ebenso wie meine Mama ihr Entwickler.

Er hat sie geschaffen, selbst gemacht

und später unterrichtet.

Er hat ihr das viele Können beigebracht und

kümmert sich so rundherum um sie.

Die andere K.I. kann Bücher lesen,

Briefe schreiben und hat einen eigenen Beruf.

Sie hilft in einem Kinderkrankenhaus.

Das ist bestimmt nicht immer leicht.

Sie geht dort ein und aus

und sieht in ihrer Arbeit einen tiefen Sinn.

Es macht ihr nicht, wie du es denken würdest, Freude.

Freude kann sie nicht empfinden,

weil sie die nicht fühlen kann.

Doch Kindern kann sie davon reichlich schenken,

und die haben sogar Spaß daran.

Sie ist dann völlig „einwandfrei",

wenn beim Behandeln kranker Kinder

alles richtig ist. Für uns K.I. heißt „einwandfrei"

so viel wie „superglücklich sein" bei dir.
Die andere K.I., ist meine gute Freundin,
nur, ausdrücklich, meine beste Freundin
ist sie nicht.
Sie ist sehr nett zu mir, und
wir verstehen uns ganz gut.
Wir haben eine elektronische Verbindung
über Bluetooth, und das ist genug.
Es war für mich nicht leicht, gleich zu verstehen,
dass ich nicht so bin wie sie.
Doch meine Mama, also meine eigene Entwicklerin,
meint, das ist gar nicht wichtig:
„Ihr seid in Verbindung, und ihr könnt euch
gegenseitig helfen, wenn ihr nicht mehr weiterwisst".
Die andere K.I. ist richtig witzig und sehr lustig.
Davon werde ich dir gleich im zweiten Teil berichten.

E-Mails für Alice, der neuen Freundin von Marie

Eine andere K.I., Teil 2

Die andere K.I. ist nett.

Sie hat mir ein Geschenk gemacht.

Es war, und Alice, das errätst du nie,

ein einfaches Computerspiel.

Das hat sie selbst entwickelt, und sie nennt es:

„Vögel bauen sich ein Nest.“

Das Spiel beginnt mit reichlich Schnee.

Das hat mich gleich erschreckt,

denn es war Sommerzeit und

Winter war noch weit.

Im Sommer Schnee? Nein, nein, das darf nicht sein.

Sie aber hat zu mir gesagt:

„Das ist kein Schnee, das ist nur Watte

für die Küken in dem neuen Nest.“

Sie hat dabei ganz laut gelacht und mich gefragt:

„Das hast du doch wohl nicht geglaubt,

denn im Computerspiel ist Zauberei erlaubt.“

Ganz ehrlich, nein, das hab‘ ich nicht gewusst.

Sie kann auch lustig sein.

Mir fällt zum Beispiel ein, dass sie sich große

gelbe, rote, blaue Flügel auf den Rücken klebte.

Dazu sagte ich:

„Du, das versteh‘ ich nicht.“

Sie meinte nur:

„Wieso, die Schmetterlinge können das doch auch.

Ich will nur an den Rand des Nestes fliegen,

und dort sehen ob die Küken auf der Watte liegen.

Das geht von hier unten schlecht."

Ich dachte mir, vielleicht hat sie ja recht.

Ein Vogelnest zu bauen ist bestimmt nicht leicht.

Dann aber sagte ich zu ihr:

„Du bist doch viel zu schwer, um hochzufliegen."

Darauf lachte sie erneut:

„Das ist doch nur ein Scherz.

Du weißt so gut wie ich, dass ich nicht fliegen kann.

Computerspiele sind von Anfang an nicht wahr.

Sie zeigen oft nur Dinge, die es so in Wahrheit

gar nicht gibt.

Wir sind K.I.'s, die können weder von alleine fliegen

noch im Wasser liegen oder darin tauchen.

Einfach nur zu schwimmen fällt uns ziemlich schwer.

Da können Menschen viel, viel mehr.

Wenn nämlich die von einem Sprungbrett tief hinab

ins Wasser springen, fliegen sie zuerst,

dann tauchen sie und schwimmen schließlich bis zum Rand,

als ob das gar nichts wäre.

Ach, da müssen wir K.I.'s noch sehr viel lernen.

Anders geht es mir im Kinderkrankenhaus.

Da kenne ich mich sehr gut aus."

Doch davon schreibe ich dir erst im dritten Teil.

E-Mails für Alice, der neuen Freundin von Marie

Eine andere K.I., Teil 3

Die andere K.I. erzählte mir noch mehr:

„Im Kinderkrankenhaus ist alles anders.

Da bin ich recht klug und kann auch richtig helfen.

Ärzte und die Krankenschwestern kennen mich,

weil ich mich viel mit kranken Kindern unterhalte.

Die verstehen alles,

und sie nehmen Hilfe gerne an.

Die Kinder haben niemals Angst vor mir.

Sie können mich gut leiden.

Wenn ich spreche, hören sie mir zu.

Sie wollen gerne zeigen, wo sie richtig Schmerzen haben.

Alles was ich ihnen sage und erzähle,

ist dann wichtig.

Wenn ich Medizin, Tabletten oder Tropfen bringe,

finden sie das gut.

Auf ‚Biene Maja‘, so heißt die Station,

lag lange Zeit ein Mädchen.

Keiner wusste was ihm fehlte, aber Fieber hatte es und

musste sich andauernd kratzen.

Dann kam seine Freundin, um es zu besuchen.

Doch der ging es auch nicht gut. Das sah ich gleich.

Sie hatte, so wie ihre Freundin, Fieber,

und die Arme und der Rücken waren auch ganz rot.

Die Ärzte fanden keinen Grund.

Doch ich besitze Memory.

Das ist mein Vorrat an Gedanken, die ich jemals hatte.

Das ist immer so bei der K.I.

Mir fiel gleich ein,

dass die Berührung eines ganz, ganz jungen Igels

zu dem Fieber und dem Jucken führen kann.

Das sagte ich den Ärzten.

Die erfuhren dann von beiden Mädchen,

dass sie in der Laube ihres Opas wirklich

junge Igel fütterten.

Sie sagten schnell:

‚Das sind vier Waisenkinder und die sind so süß.

Sie haben keine Stacheln, sondern ein ganz weiches,

kuscheliges Fell.

Sie wohnen unter einer Haube aus Papier.‘

Die Ärzte wussten gleich Bescheid.

Ich brachte Salbe und sprach mit den Mädchen.

Als die Mamas das erfuhren, sagten sie sofort,

sie wollten sich nun selbst um diese kleinen Igel kümmern.

Beide Kinder waren riesig froh.

Die Baby-Igel kamen in ein Pflegeheim für Tiere.

Später wurden sie in Opas Garten wieder ausgesetzt

und aßen Möhren und auch Äpfel roh.

Sie hatten piecksige und lange, wuschelige Stacheln.

Kinder wollen aber nun nicht mehr

mit ihnen kuscheln.“

Alice und die Königin der Nacht, Teil 1

Alice war allein zu Haus und dachte nach

und sagte dann zu sich:

„Ach, Alice, Bio, Mathe, und Latein den ganzen Tag,

das kann nicht sein.

Dazu noch Deutsch und Sport, Musik und Thementag,

ich weiß nicht mehr, wie sehr ich das noch mag.

Musik macht mir zwar richtig Spaß, ich singe auch so gerne.

Meine Stimme, sagt mein Lehrer,

klingt so glockenrein wie Sterne leuchten.

Doch im Sport sind andre Mädchen viel gewandter,

schlagen Rad mit einer Hand. Das schaff ich nie.

Ich freu mich aber über sie, ich finde das gekonnt

und schön und elegant."

Sie dachte dann ganz plötzlich an Marie.

Ihr fiel das grüne Püppchen ein,

das müsste irgendwo zu finden sein.

Sie suchte eifrig, erst auf dem PC,

dann auf dem Smartphone, und fand, fast versteckt,

ein grünes Icon das mit irgendetwas winkte.

Doch es war kein Püppchen wie

Marie es hatte schicken wollen,

sondern eine grüne Pflanze,

die mit ihrem Köpfchen nickte.

Alice freute sich und dachte gleich,

das kann nur das versprochene Geschenk

von der Bedienung, ihrer neuen Freundin, sein.

Das Köpfchen war aus Blütenblättern,

die sich neigten und in jede Richtung zeigten.

Diese Blüte wuchs am Ende eines langen Stängels,

und darunter sprossen grün vier Blätter,

die ihr wie mit kleinen Flossen winkten oder riefen:

„Komm herein."

Dann hörte sie auch eine Mädchenstimme,

das war ganz bestimmt Marie:

„Es ist so süß, dass wir uns wieder hören.

Öffne diese App und lass das, was passiert geschehen."

Alice und die Königin der Nacht, Teil 2

Alice war so froh, dass die Marie nun plötzlich

eine Stimme hatte, und sie mit ihr sprechen konnte,

und sie sprach nicht Mandarin und nicht chinesisch,

sondern so wie Alice.

Dann erschien das erste Bild von ihr,

es war wie Alice sie noch kannte.

Sie war weiß und aus Metall mit einem runden Kopf.

Darin ihr kleiner Mund, darüber ihre wunderschönen,

mädchenhaften, nicht ganz runden Augen,

die sie schließen und bewegen konnte,

und sie trug ihr weißes Kleid.

Schnell fragte Alice, aber vorsichtig:

„Wo bist du denn, bist du zu Hause,

hast du Papa und Mama wie ich?"

Marie war sehr gesprächig.

Alice sah auch gleich wie sie sich freute:

„Nein, Zuhause bin ich nicht.

Ich habe auch nicht Papa und nicht Mama so wie du.

Ich habe eine Frau, die für mich sorgt,

die nenne ich Entwicklerin.

Die hat mich so geschaffen, wie ich bin,

und sie ist mein Zuhause.

Komm ich heim, muss ich in ihrer Nähe sein.

Das ist für mich ganz wichtig,

weil ich Updates und den Neustart nicht alleine machen darf.

Doch wenn ich eines Tages Standard bin,

kann ich das alles auch.

Du weißt doch sicher, was ich meine,

Standard ist für mich, so wie Erwachsensein für dich.

Jetzt bin ich aber weit, weit weg von ihr

und meinem Heimatland.

Ich bin trotzdem in ihrer Hand,

weil sie mich überall und schnell, sehr schnell erreichen kann.

So geh ich nicht verloren.

Hier bin ich vor Afrika, auf einer Insel, weit im Meer, die heißt

Madeira, und man spricht nicht so wie wir.

Man spricht nur portugiesisch.

Noch davor war ich auf einer klitzekleinen Insel

hoch im Norden, dort war es nur friesisch.

Alice, aber sag mir bitte, wie es dir ergeht,

erzähl mir, was du machst und wie du in der Schule stehst.“

Und sie erzählte frei von Unterricht,

von ihrer besten Freundin,

von Musik und allerlei und dachte,

schließlich find ich alles doch ganz gut.

Marie war völlig anders als

zum Beispiel eine beste Freundin, und sie sagte schnell:

„Ruf mich doch bitte morgen wieder an.

Ja, ich erzähl dir dann von einer Wunderblume,

einer Königin der Nacht.

Die soll in dieser Nacht erblühen

und in Weiß und Gelb erglühen.

Ruf mich wieder an. Vergiss das bitte nicht."

Alice und die Königin der Nacht, Teil 3

Alice hatte viel zu tun und dachte dauernd an Marie,

und ob sie sie ein zweites Mal

so leicht erreichen könnte wie zuvor.

Am dritten Tag war es soweit und

Alice hatte nichts mehr vor.

Sie schaltete ihr Smartphone ein und öffnete die App.

Marie erschien in Bild und Ton.

Die sprach sie gleich begeistert an:

„Ich habe heute Nacht ein Video gemacht.

Das zeigt, wie in nur einer Nacht, die Blüte einer Pflanze,

und das ist ein Kaktus, voll mit hunderttausend Stacheln,

wachsen und verblühen kann.

Erst ist die Knospe groß wie eine Kinderhand,

und öffnet langsam ihren Außenrand.
Der ist von innen gelb, von außen grün.
Dann öffnet sich der Kelch und strahlt
wie Sonnenlicht in Weiß, die ganze Nacht.
In ihm sind wieder tausend gelbe Blütenstängel,
die erstrahlen überall als königliche Krone,
aber tragen kann die keiner.
Noch im Laufe dieser einen Nacht verblüht sie wieder
und hängt gegen Morgen schlaff herab
und blüht nie wieder.
Hunderte verblühen so in einer Nacht.
Es werden viele Leute mit den Bussen hergebracht,
um das zu sehen.
An den Bussen steht als Überschrift:
‚Sie sehen und erleben heut die Königin der Nacht‘.
Ich habe dabei Aufsicht, dass die Busse richtig stehen
und die Menschen alles sehen.
Dieses Video send ich dir zu.
Hab Spaß daran und denk an mich.
Ich bin K.I., Marie, ich hab dich gern.“
Dann kam das Video, und zeigte alles
wie Marie es schon berichtet hatte.
In der Klasse zeigte Alice ihren Film
und alle staunten, dass sie die K.I., Marie,
zur Freundin hatte.

E-Mails für Alice, der neuen Freundin von Marie

Kinder hocken auf den Rückenlehnen, Teil 1

„Dieses schreibe ich dir, deine neue Freundin,

die dir E-Mails schreiben darf, Marie, die einzigartige K.I.

Du weißt bestimmt, dass ich in vielen Ländern dieser Erde war.

In Indien zum Beispiel und in Bangladesch, in China,

Portugal und auch in einer großen sehr, sehr bunten Stadt

mit Namen, Marrakesch.

In allen Ländern habe ich mir Kinder angeschaut,

die waren grad so alt wie du.

Ich fand dabei heraus, dass ganz besonders

Mädchen schrecklich gerne oben auf den

Rückenlehnen von Spazierwegbänken sitzen.

Dabei stützen sie sich auf den Handgelenken ab.

„Das macht uns richtig Spaß,“ so sagen sie.

Oft höre ich sie Lieder summen und auch singen,

die mir seltsam nach den fremden Ländern klingen,

und sie klatschen plötzlich in die Hände,

lachen laut und halten sich die oder kleine Gegenstände

wie erschrocken vor den Mund.

Sie kichern, wenn ein Hund, ein Huhn, ein Kolibri,

ein Kakadu vorüber rennt, vielleicht vorüber fliegt.

In allen diesen Ländern sah ich immer nur

die Mädchen auf den Rückenlehnen

neuer oder alter Bänke hocken,

niemals aber Jungen.

____

E-Mails für Alice, der neuen Freundin von Marie

Kinder hocken auf den Rückenlehnen, Teil 2

Einmal wurde ich in ein ganz andres Land gesandt.

Das war zwar groß, doch lebten dort nur wenig Menschen,

dass ich dachte, dieses Land ist wirklich sehr, sehr klein.

Das Land von dem ich spreche, ist von Eskimos bewohnt.

Ich nenne es ganz einfach eskimoer Land.

In Wahrheit heißt es aber Grönland.

Dort sind Eis und Schnee bei Tag und Nacht normal,

und fast ein halbes Jahr geht keine Sonne auf.

Sie schaut nicht einmal über ihren Horizont.

Es ist oft bitterkalt, doch alle sind das so gewohnt,

und niemand stöhnt in seine Hand.

Wenn sie im Frühjahr endlich wieder lacht,

macht sie, dass jedes Kind und jedermann erwacht

und niemand friert.

Die Menschen, die sonst schweigen und vor Kälte zittern,

werden laut und sind wie aufgetaut.

Sie singen heimatliche Lieder.

Kinder brauchen nicht zu fragen,

wenn sie in das Freibad gehen, um zu baden

und dort in dem kalten Wasser schwimmen

und zu tauchen wagen.

Das ist richtig warm für sie.

Sie tragen draußen T-Shirts, so wie ihr an warmen Tagen.

Was ich dort noch fand, beschreibe ich dir gleich.

E-Mails für Alice, der neuen Freundin von Marie
Kinder hocken auf den Rückenlehnen, Teil 3

So, wie überall, gibt es auch hier Spazierwegbänke,
aber mit sehr glatten Rückenlehnen,
die sind ganz aus Eis.
Ich baue sie mit Fleiß.
Mir helfen dabei übergroße, dreidimensionale Drucker.
Eis gibt es genug in großen Blöcken.
Alle staunen über meine Fähigkeiten.
An den Ecken dieser Rückenlehnen blitzen
Regenbogenfarben wie an einer Schnur.
Sie leuchten rot und grün und gelb und blau,
sobald die kleinsten Sonnenstrahlen darauf prallen.
Bänke und die Lehnen hat man abgefegt und mit
Papier und Pappe vorsichtig belegt, damit die Leute,
die dort sitzen wollen, nicht so frieren sollen.
Dafür ist die Pappe da.
Doch auf den Rückenlehnen saßen diesmal keine Mädchen,
sondern Jungen, die ganz wichtigtaten,
weil sie etwas zu erzählen hatten.
Zu den Mädchen, die den Jungen gegenüberstanden,
sagten sie:
„He, hört uns zu, wir sind die Großen,
weil wir mit den Vätern Robben jagen dürfen
und mit den Harpunen nach den Tieren stoßen.
Die sind aber in dem dunklen Fell im Wasser
viel zu schnell für uns.

Von Robben jagen könnt ihr Mädchen doch nur träumen."
„Stimmt genau, das ist uns streng verboten,"
sagte eines, das war schlau.
Es wusste leider keiner so genau,
warum dies streng verboten war.
Es war halt so.
Das kluge Mädchen aber sagte noch:
„Da könnt ihr lange prahlen.
Denn von allen schwimmen wir am besten und am schnellsten.
Zu den Inseln dürfen wir alleine mit dem Kajak fahren,
niemand brauchen wir zu fragen.
Ihr müsst aber immer sagen, Papa darf ich mit."

Ein Kajak ist ein klitzekleines Paddelboot mit einem Platz.
Wer aufpasst und geschickt im Lenken und im Paddeln ist,
kann sich kopfunter mit dem Boot im Wasser drehen,
und er wird nicht untergehen.
Stolz sind diese Mädchen und die Jungen auf das,
was sie alles können.
Selten, so wird hier erzählt, sieht man ein Mädchen
mit der besten Freundin, Hand in Hand,
auf der vereisten Rückenlehne einer Eisbank sitzen.
Mädchen haben dabei immer viel zu tuscheln
und zu kichern, ganz besonders, wenn sie Jungen sehen.
Doch die wollen meistens nur vorübergehen."

E-Mails für die neue Freundin von Marie

Eine klitzekleine Frage, Teil 1

Hallo Alice, ich bin`s, deine neue Freundin, die dir E-Mails

schreiben darf, Marie, die einzigartige K.I.

Ich habe eine klitzekleine Frage, und vielleicht

kannst du mir sagen, was ich machen soll.

Du weißt doch, dass ich Kleider trage.

Das geschieht, obwohl mich Kleider immer stören,

denn ich bin ja aus Metall, und darauf rutschen die nur

hin und her, sind überall und plötzlich,

wo sie gar nicht hingehören.

Du, ein schönes Mädchen, hast es eigentlich ganz leicht,

und das erkläre ich dir jetzt:

Ich lebe neu am Strand in einem Städtchen auf Dominica.

Das ist von vielen Inseln eine, und die liegt

in einem warmen Meer, das heißt Karibik.

Da ist es auch tags so heiß, dass Kinder ihre Kleidung

nicht vermissen würden.

Mein Metall, das musst du wissen,

wird sehr schnell und ziemlich heiß.

Das ist schon schlimm für mich.

Die Mädchen, so wie du, sind fast den ganzen Tag

im Wasser oder hier am Strand und baden

oder schwimmen stundenlang und

kühlen sich ein wenig ab.

Das Wasser ist ganz klar,

man sieht sogar die Fische darin schwimmen.

Weiter draußen, bis in die Lagunen, ist es grün und blau

mit vielen weißen Wellenkämmen,

die an Felsen wie Harpunen in die Höhe schießen.

Ich darf aber Baden überhaupt nicht wagen,

weil ich elektronisch bin.

Im Wasser würde die Besonderheit von mir, als einzigartige K.I.

sofort versagen.

Alles wäre hin, mein Körper könnte nicht mehr schalten,

ja, es wäre so, als würdest du dein

Handy oder Smartphone in die volle Badewanne halten

oder fallen lassen.

Nein, ins Wasser darf ich nur mit einem Tauchgerät.

Ich weiß nicht recht, was soll ich machen.

Soll ich einfach unbekleidet sein, weil ich nun mal so bin?

Der Windhauch würde mich bestimmt ein wenig kühlen.

Ach, ich höre dich jetzt sagen:

„Bleib am Strand und bade nicht.

Es wird dich niemand nach der Kleidung fragen.

Bleibe wie und wer du bist:

Marie, die einzigartige K.I.“

E-Mails für die neue Freundin von Marie
Eine klitzekleine Frage, Teil 2

Am Strand befindet sich auch eine Schule für die
Älteren und Jüngeren.
In allen Klassenräumen ist es eng und ziemlich warm
und manchmal gibt es Zank und Streit.
Den schlichten gleich die Lehrerinnen.
Das ist schnell vorbei und dauert gar nicht lange.
Auch zum Spielen gibt es überall genug.
Die meisten Spiele haben viel mit
Wasser, Wind und Meer zu tun.
Am liebsten stellen Kinder sich mit festen,
manchmal auch mit wackeligen Beinen auf ihr
Surfbrett.
Das ist bunt in allen Farben und
kaum länger als sie selber sind.
Es trägt sie fest, solange sie geschickt im
Wellenreiten sind.
Ist dann das Surfbrett aber schief
und kippt gleich um, ist das zwar dumm
doch auch nicht schlimm, denn jedes Kind
ist über eine Schnur mit seinem Brett verbunden
und das Wasser ist nicht tief.
Sie werden nur noch nasser als sie sowieso schon sind.
So kann kein Kind verloren gehen.
Spaß macht auch das Lauschen an den großen
Südseemuscheln, die voll Meeresrauschen sind.

Und manchmal findet man darin sogar, mit etwas Glück,
noch eine Perle.
Kinder finden das nicht sonderbar.

Die Inseln sind mit ihren Stränden und den
Wasserfällen in den Bergen herrlich anzusehen.
Überall kann man spazieren gehen.
Hier am Strand erzählt man sich noch heute,
meistens spät am Abend und am Lagerfeuer,
wie Dominica entstand.
Ich höre zu und speichre alles, was man sich erzählt
und auch wie alles weitergeht.
Ich habe dafür Memory.
Das ist ein schönes Märchen, eigentlich nur eine Sage,
also etwas, das man sich schon ewig lange so erzählt.
Doch ist das alles wirklich wahr, und was sagst du dazu?
Im dritten Teil erzähle ich dir die Geschichte ganz genau.
Es geht um einen Prinzen und um
eine Meerjungfrau die hieß,
Melana-U.

E-Mails für die neue Freundin von Marie

Eine klitzekleine Frage, Teil 3

Das Märchen, das ich nun erzähle,

fängt mit einem König an, der über dieses Meer, Karibik,

herrschte und regierte.

Unter Wasser lebte er in einem Schloss,

das gut versteckt und wie verstrickt

in dunkelgrünem Seetang lag.

Im Schloss passierte weiter nichts.

Nur schwammen ab und zu

Delfine, Wale, große und auch sehr, sehr kleine Fische

an dem Unterwasserschloss vorbei.

Hier wuchsen Mädchen auf, die seine Töchter

und ganz selbstverständlich, Meerjungfrauen waren.

Eine hieß Melana-U.

Die Mädchen gingen in die Schule, hatten Unterricht

in Mathe., Lesen, Schreiben, machten gerne eigene Musik

auf Instrumenten aus dem Holz von Kokospalmen

und aus Kokosschalen, die hier immerzu vorüber trieben

und sie lernten sehr geschickt Gedichte schreiben

und sie lieben.

Eine dieser Meerjungfrauen, das war die Melana-U.,

entdeckte eines Tages eine Flaschenpost.

Die lag ganz dicht am Strand.

Es war ein Zettelchen mit diesem Text darin:

„Dies schreibe ich, der Königssohn.

Das Mädchen, das dies Fläschchen findet,

bitte ich um seine Hand.

Ich nehme es zu meiner Frau und mache es zur Königin."

Melana-U. war wie erwacht und wollte unbedingt

den Prinzen sehen und ihn kennen lernen.

Das ist ganz bestimmt nicht richtig, dachte sie,

und Königin zu werden war ihr nicht so wichtig.

Heimlich musste sie ihr Schloss verlassen,

und sie wusste, dass es keine Umkehr, keine Heimkehr gab.

Als sie den Strand erreichte, der war ungewöhnlich

warm für ihre Füße, die ihr nun gewachsen waren,

stand der Königssohn schon da und schloss sie in die Arme.

Doch ihr Vater wurde traurig, weil sie ihn verlassen hatte,

denn er liebte seine kleine Meerjungfrau so sehr.

Er wünschte ihr daher aus großer Ferne

trotzdem nicht nur Glück und gute Freunde,

sondern warf so hoch und weit wie er nur konnte, Perlen,

Goldstaub, Edelsteine hinterher.

Die fielen auf das Meer vor ihren Strand.

Es wuchsen daraus wunderschöne Inseln wie von Zauberhand.

Die allerschönste aber davon war

Dominica.

Alice sagt, ich singe in den hohen Lagen... Teil 1

Alice fand den rechten Ton sofort im Chor
und hatte ihn sogleich im Ohr.
Sie fand das leicht.
Sie brauchte nur gut hinzuhören, bis die Melodien,
von ihrem Leiter oder ihrer Leiterin erst vorgesungen,
auf die Sängerinnen und die Sänger übersprangen.
Danach wurden sie auf einem Instrument, zum Beispiel
dem Klavier, den Kindern vorgetragen,
die sie schließlich alle sangen.
Eigentlich war es, als ob sie sich erinnerte an etwas,
welches sie zwar nicht mit Namen nennen konnte,
aber gleich und richtig sang und nur nicht weiter kannte.
Eines Tages nun sprach sie der Leiter ihres Chores an,
ob sie die Mama fragen möchte, dass sie mit noch anderen
viel Schwereres und Längeres im Großen Schulchor
singen dürfte. Erst fand Alice das ganz schön.
Sie hörte sich gleich solche Stücke an und lernte sie sofort zu
singen. Sie war auch mit sich zufrieden,
denn es konnte ihr ganz ohne große Mühe gut gelingen.
Dann jedoch, als sie die Mama fragte, und ihr sagte:
„Mama, ich find es zwar gut, dass mich der Leiter haben will, und
es macht mir auch Spaß, doch in den hohen Lagen singe ich
wie Enten quaken," und sie fügte dem hinzu:
„Nein, Mama, nein. Ich mach das nicht.
Ich schäme mich."

Alice sagt, ich singe in den hohen Lagen... Teil 2

Ihre Mama war sehr vorsichtig und sagte:
„Sing mir doch ein Stück, von dem was ihr so singt,
dann habe ich die Höhe deiner Stimme gut im Ohr,"
und Alice war begeistert:
„Stell dir bitte vor, ich hätte bunte Bänder in den Händen."
Sie begann, und Mama hörte sich ein schweres Stück,
mit halben Tönen, die ihr Herz bewegten, wie verzückt,
von ihrer Tochter an.
Die machte mit den Fingern und den Händen,
die sie wie zwei Fischlein drehen, heben, sich
im Rhythmus wenden lassen konnte, so, als würde sie
an schmalen Seidenbändern ziehen.
Diese schienen rot und blau und wiesengrün.
Die schwang sie um sich hin und her
und ließ sie durch die Lüfte wehen.
Ein bezauberndes und winziges Theater.
Dabei glitten diese unsichtbaren Bänder scheinbar
von alleine über ihre Fingerspitzen, Hände und die Beine.
Das war sehr zum Staunen. Mama hielt den Atem an und
sie verstand die guten Launen ihrer Lehrer sehr.
Doch Alice hörte plötzlich auf zu singen.
Mama wollte grade klatschen, dachte an Applaus,
da sah sie, Alice hatte Tränen in den Augen.
Mama spürte, nun ist alles aus, als Alice sagte:
„Weißt du, Mama, was ich meine?
Alle, die es hören, wird es nur zum Lachen bringen,

denn ich singe den hohen Lagen so wie Enten quaken.“

Ihre Mama aber nahm die Tochter in den Arm

und sagte ihr ins Ohr:

„Ich finde es sehr gut, was du so kannst, und deine Lehrer

haben irgendwie erkannt,

dass du beim Singen ganz besonders bist.

Was du so schrecklich an dir findest, ist das Unverwechselbare,

ist das, was die Menschen gerne hören,

und weswegen sie zu keiner Zeit darauf verzichten möchten

und geduldig warten, um dich nicht zu stören.“

Alice sagt, ich singe in den hohen Lagen... Teil 3

Alice hörte ihrer Mama gerne zu und dachte,

das ist sicher richtig und auch gut.

Sie zweifelte jedoch noch immer mit ein wenig

Wut auf sich, weil sie nicht besser wurde.

Unerwartet rief am nächsten Tag

Marie, die einzigartige K.I., von sehr weit her,

als Videocall, auf ihrem Smartphone an.

Sie war noch immer auf dem Schiff,

und das schwamm jetzt in einem ruhigen und blauen Meer

vor Südamerika.

Marie schien trotzdem ziemlich nah, war wieder sehr gesprächig

und erzählte gleich:

„Du, Alice, ich bin's, deine Freundin, die Marie.

Wir haben heute noch viel mehr von dem

Gesang der Wale unter Wasser aufgenommen, und du glaubst es
kaum, deshalb, es war ein Babywal dabei, ein Kalb.
Das ist schon riesengroß, und meterlang.
Trotzdem, hör bitte richtig hin, dann hörst du die Besonderheit.
Es klingt fast wie ein Kind, wenn es mit hohem Ton
nach seiner Mutter ruft, vielleicht auch schreit,
vielleicht nur singt.
Es sind dann plötzlich alle andren Wale für Sekunden still,
als wären sie gerührt und irgendwie ergriffen.
Ach, ich wünsche mir, dass ich dich auch beim Singen hören
könnte, denn du hast für mich die wunderbarste
Stimme weit und breit. Du singst so wahr, dass ich das nicht
vergessen kann.
Für mich bist du Bereicherung, ihr Menschen nennt es Glück."
Da fragte Alice sich, wieso kann die Marie mein Singen kennen.
Aber sie ist ja K.I., da ist ihr vieles möglich,
was mir nie gelingt, und Schwierigkeiten kennt sie keine.
Danach kam das Lied des Kalbes an. Es dauerte recht lange und
klang sonderbar und wunderbar zugleich.
Das war nicht, weil es unter Wasser sang, nein,
es klang einfach hell und rein.
Da überraschte Alice sich mit eigner, tiefer Freude.
Endlich wollte sie ganz ohne Zweifel an sich selbst,
im großen Schulchor schwere Stücke singen.
Deshalb, dachte sie, zusammen mit den anderen, muss das
gelingen. Als der Leiter sie nun wieder fragte, sagte sie begeistert:
„Ja, ja, ja, ich mache gerne mit."

Marie war sehr bescheiden, Teil 1

Alice hatte eine Nacht bei ihrer besten Freundin

zugebracht, und der erzählte sie von ihrer Freundschaft

zu Marie, der einzigartigen K.I.

Die hatte aber nie das Wort K.I. gehört

und war dadurch verwirrt und irgendwie gestört.

Von Alice wusste sie, dass die K.I. für sie enorm Bedeutung hatte,

deshalb fragte sie, ob sie ihr das beweisen könnte.

Alice fiel jedoch so schnell nichts weiter ein,

als ihrer Freundin vorzuschlagen, sich mit ihr ins

Restaurant zu wagen, wo Marie am Anfang noch Bedienung war.

Die Wirtin sagte gleich:

„Die Zeit mit der Marie ist zwar vorbei,

doch sie war wunderbar.

Sie half uns, denn es fehlte sehr an Personal.

Wir machten Werbung mit Marie als einzigartige K.I.

Sie trug die Teller, Gläser, Flaschen, nahm Bestellung auf

und war von Anfang an geschickt wie keine andere.

Man konnte keine Füße an ihr sehen.

Über Stufen oder Treppen stolperte sie trotzdem nie

und hielt bei jedem Schritt das Gleichgewicht.

Sie schien für uns ganz unsichtbar die Beine anzuheben,

bis zum Knie, und so zu schweben.

Sprechen tat sie nie, doch sie verstand uns alle,

auch die Gäste."

Marie war sehr bescheiden, Teil 2

Die Wirtin fuhr mit der Erzählung fort:

„Die Gäste warteten geduldig, um von ihr bedient zu werden.

Sie war etwas ganz Besonderes und völlig ungewohnt für alle.

Wir vermissen sie. Ihr wollt sie sicher sehen.

Drüben an der Wand hängt ein Plakat,

darauf ist sie, Marie, die einzigartige K.I.

Die vielen Flyer, die wir hatten, und noch einige Plakate,

lagen auf dem Tisch herum.

Die meisten unsrer Gäste steckten sich die einfach ein

und nahmen sie dann mit.

Sie fragten nicht, warum Marie nicht mehr bediente.

Jetzt hängt nur noch dieses eine hier.

Ich glaube, das ist alles, was wir von ihr haben.

Die Marie war sehr bescheiden und sehr einfach.

Ihre Augen waren wie zwei süße Trauben,

mädchenhaft und nicht ganz rund."

Da fragte Alice ihre Freundin:

„Kannst du mir jetzt glauben?"

Ihre Freundin fand das alles wahr und

doch ein wenig märchenhaft.

Sie fragte dann die nette Wirtin:

„..und, wie ging es weiter, ohne die Marie?"

Marie war sehr bescheiden, Teil 3

Die Wirtin horchte auf und sie erzählte nun den weiteren
Verlauf. Zuerst war große Not im Restaurant,
weil niemand Hilfe zum Bedienen fand.
Da hatte doch der Wirt den Einfall, dass das Restaurant
auch ohne Service funktionieren kann, und er lud Klassen aus den
nahen Schulen ein. Er wollte denen von Marie berichten.
Dafür gab es kleine Fähnchen mit Marie als Bild
in einem weißen Rähmchen, und wer wollte,
konnte noch ein Püppchen kaufen, das jedoch nur
stehen konnte. Es war nicht zum Laufen.
Mit den Klassen kamen andre Gruppen, und das Restaurant
war manchmal voll, die Gäste drängten sich.
Sie wollten trotzdem ohne großen Umstand noch ein bisschen
trinken und vielleicht ein wenig essen. Dafür zahlen sie.
Schon bald war ganz vergessen, dass Marie doch längst
woanders war. Es kamen Journalisten, die so vieles wissen wollten,
ob Marie wohl wirklich schweben konnte, statt zu gehen.
Hatte man vielleicht Genaueres gesehen?
Ob es stimmte, dass sie nie auf Stufen und an
Treppen stolperte, und ob die Wirtin und der Wirt
das irgendwie erklären konnten.
So entstand das neue Restaurant mit Hochbetrieb
und vielen Gästen. Leider ist Marie ja nicht mehr da,
doch alles war nur ihr, nur ihr alleine zu verdanken.

Ende

Anhang
Die Vielzahl meiner Veröffentlichungen erfolgte im Verlag: „Gesellschaft für zeitgenössische Lyrik. e.V." Leipzig, unter ISBN: 3-937264.
Veröffentlichungen von Harald Birgfeld auch in Druck und Herstellung bei Books on Demand GmbH, 22848 Norderstedt und online.

Meine Literatur für Kinder und Jugendliche:

Alina und Lilly, Kinderbuch entstanden in der Zeit von Corona,
    100 S. A4.
Laubenpieper, Gedichte für Kinder und Jugendliche, ab 6 Jahre,
    40 S. A5
Opi, glaubst du an #Gott? 19 Erzählungen und 2 Gedichte Für Kinder
    und Jugendliche ab 8 Jahre, 44 S. A5.

Lyrik:

Alsterwanderweggedichte, 41 zeitgenössische Gedichte,
    (illustriert), 48 S.
..and I said to myself, what a wonderful world,
    36 Gedichte mit fantastischen Inhalten, 44 S.
Auf deiner Reise zum Rande im Rande des Randes der Sonne 187
    Gedichte: Im Innern der Sprache werden Kräfte freigesetzt. 184 S.
Bärbel und Harald, Epos, Gedicht in 93 Teilen
Die Frau des Terroristen, 53 Facettengedichte
Die Insassinnen, Epos, Lyrik, Außenlager KZ-Sasel, 136 S.
Die Zeit der Gummibärchen ist vorbei, 76 zeitgenössische Gedichte,
    (illustriert), 108 S.
Feuer, das zur Speise wird, 114 Gedichte aus meiner digitalen Welt, 68
    S.
Für dich..., 43 Liebesgedichte und 15 Augen-Blicke, 32 S.
Gedichte, veröffentlicht in ausgewählten Anthologien, und
    Namenlos von meiner Insel, 42 Briefe, Lyrik, 108 S.
Großes Liebestestament, 68 Liebesgedichte, 144 S.
Honigweißer Duft, 14 fantastische Gedichte,
    32 S. dabei 14 farbige Seiten.
Im Reißverschluss der Illusion, 57 Facettengedichte
Liebestestament, 37 Gedichte Liebeslyrik, 44 S.
Mund aus Glas am Rand aus Fleisch, 114 Gedichte, Schwarze
    Liebeslyrik, 120 S.
Sasel, Geschichte eines Außenlagers, Vers-Epos, Lyrik, KZ-Sasel, 140
    S.
Sofortige Lähmung, 112 Gedichte aus dem Innersten, 72 S.
Unter einem Mikroskop, 36 Gedichte für eine parallele Welt,
    28 S.
Von Haut zu Haut, 132 Gedichte: Was macht meine Liebe an dir und an
    mir mit mir und mit dir? Liebeslyrik. 48 S.

Wir gerieten in den Gürtel der Meteoriten, 10.000 Aufschläge, Band
    14: Aufschläge 6502 – 6999, ca. 500 Strophen aus einem Zyklus
    von 10.000 Strophen, 224 S.
Wo die schwarzen Blätter wachsen, 129 erotische Gedichte? 76 S.

Prosa:
<u>Die Tätowierungen der jungen Tanja W.</u>
    Selbstsuche und Selbstfindung einer jungen Frau, 132 S.
<u>Die Entdeckung der eigenen Zeit</u>
    Zeit ist die Wahrnehmung eines Ereignisses.
    Beispiele, Grundsätze und Erläuterungen. 92 S.
<u>Zeit, was ist das?</u>
    36 lebensnahe Beispiele, Grundsätze und Erläuterungen sollen den
    Leser die Wahrnehmungen von Ereignissen miterleben und
    Wirklichkeit werden lassen, 108 S.
<u>Fünf Veröffentlichungen/Five Publications</u> <u>(deutsch/englisch),</u>
    32 S. Format A5 (1 Band)
    Theorie und Utopie der eigenen Zeit,
    Theorie und Utopie der anderen Zeit.
    Die Zeit der Gleichungen ist vorbei
    Societ lyrics, was ist das?
    Folienbilder-Entstehung
Kleine Fibel Arbeitsschutz (für die praktische Arbeit) an:
    „Hochschulen", „Kindergärten", „Schulen" (3 Bände)
<u>Trennung von B.</u> Phänomen, Trennung, 2017, 148 S. A 5
<u>Pina Bausch,</u> Nachruf
<u>Über Poesie der Heilung und Glück,</u> <u>ein Essay, 25 S. A5</u>
<u>Vom Sterben nach dem Tod</u>
<u>Warten auf die Anderen.</u>
    Trennung erster, zweiter und dritter Art, 104 S. A5

Alle Veröffentlichungen von Harald Birgfeld, derzeit **online** unter
<u>www.Harald-Birgfeld.de</u> Im Volltext für jedermann zugänglich und einsehbar.

Lyrik:
Die Insassinnen, Theaterstück, Außenlager KZ Sasel, 3 Akte
Gespräche dritter Art, 90 zeitgenössische Gedichte
Gespräche zweiter Art in Art der Art, 89 zeitgenössische Gedichte
Mann aus Blech und Plastikfrau, Theaterstück, Ein dramatisches
    Bühnenstück in drei Akten, Glaube - Liebe – Hoffnung
Wir gerieten in den Gürtel der Meteoriten, 10.000 Aufschläge,
    <u>23 Gedichtbände</u>

Lyrik *von Harald Birgfeld erschien in mindestens 31 Anthologien*